Geschenke

aus dem Thermomix

mit Gabi Wolpensinger

Kochbuch für das Modell Thermomix TM31

keller

VERSAND- UND VERLAGSBUCHHANDLUNG

Lektorat und Redaktion: Michaela Keller
Verlag: Versand- und Verlagsbuchhandlung M. Keller, Im Gaiern 10, 71287 Weissach-Flacht

Internet: http://www.tm-kochbuch.de
E-mail: info@keller-versandbuchhandlung.de

Satz, Layout und Druck:
Versand- und Verlagsbuchhandlung M. Keller
Bildmaterial auf der Vorderseite: Bild links unten © stillkost - Fotolia.com ; restliche Bilder © Barbara Dudzińska - Fotolia.com.
Bildnachweis Innenseiten: Alle kleinen Icons auf den Innenseiten © Roslen Mack - Fotolia.com; Bilder in Kapiteln: Vorspann © Yanterric - Fotolia.com; Gebäck © Thomas Francois - Fotolia.com; Duftende Geschenke © Marina Lohrbach - Fotolia.com; Pralinen © malvine_99 - Fotolia.com; Liköre & Weine © m.schuckart - Fotolia.com; Aus dem Garten © Christian Jung - Fotolia.com; Pikant & Scharf © Andreas F. - Fotolia.com; alle Rezeptbilder © Gabi Wolpensinger.

ISBN 978-3-942777-08-7
1. Auflage November 2011
2. Auflage November 2012

Hinweis:
Die vorliegenden Rezepte können mit der Küchenmaschine Thermomix TM 31 zubereitet werden. Alle in diesem Buch enthaltenen Angaben, Daten, Ergebnisse etc. wurden von der Autorin nach bestem Wissen erstellt und von ihr und dem Verlag mit größtmöglicher Sorgfalt überprüft. Eine Verantwortung und Haftung für etwaige inhaltliche Unrichtigkeiten kann jedoch nicht übernommen werden. Der Haftungsausschluss gilt nicht, soweit nach dem Produkthaftungsgesetz für Personen- und Sachschäden gehaftet wird. Jeder Leser muss beim Umgang mit den genannten Stoffen, Materialien, Geräten usw. Vorsicht walten lassen, Gebrauchsanweisungen und Herstellerhinweise beachten sowie den Zugang für Unbefugte verhindern.

ERKLÄRUNGEN:

Begriff **„in Stücken"** - die Stücke einer Zutat gerade so groß schneiden, dass sie durch die Deckelöffnung passen, auch wenn Sie die Zutat direkt in den geöffneten Topf schneiden.

Begriff **„Abstauben"** - wenn der Hefeteig oder der Sauerteig im Topf noch klebt, dann mit dem Spatel am Rand des Topfes den Teig lösen und 1-3 EL Mehl über den Teig streuen. Nach Möglichkeit das Mehl direkt an den Topfrand geben. Topf verschließen und etwas festhalten, 10 Sekunden / Stufe 7 hochdrehen. Das Mehl wird schnell untergearbeitet und der Teig sollte nun nicht mehr kleben. Machen Sie eine Fingerprobe! Wenn kein Teig mehr am Finger hängen bleibt, ist er ok.

Garstufe - die höchste Temperaturstufe (Varomastufe)

Garaufsatz - hier ist der Aufsatz (mit durchsichtigem Deckel) gemeint, der auf den geschlossenen Topf aufgesetzt wird.

Einlegeboden - der Zwischenboden mit Löchern, der bei Bedarf in den Garaufsatz eingesetzt wird.

Garkörbchen - das gelochte Sieb, das direkt in den Topf eingehängt wird.

Abkürzungen:

MB - Messbecher, mit dem man den Topfdeckel verschließt (100 ml)

Msp. - Messerspitze

TL - Teelöffel

EL - Esslöffel

 **Sie benötigen:** In diesem Hinweis finden Sie besondere Küchenhelfer aufgelistet, die Sie für die Fertigung der Rezepte benötigen. Viele davon finden Sie in unserem Online-Shop (www.tm-kochbuch.de).

 **Tipp:** Bei allen essbaren Geschenken mit begrenzter Haltbarkeit fügen Sie ein kleines Etikett bei. Auf der Rückseite können Sie das Herstellungsdatum vermerken und die amerikanische Variante des Haltbarkeitsdatums „Best before: Monat/Jahr".

Backen in Weck®-Einmachgläsern:

Wir verwenden in den Rezepten Weck®-Gläser in den Größen ¼-, ½- oder ¾-Liter. Sie bekommen sie in Haushaltswarengeschäften oder direkt bei der Firma Weck (www.weck.de). Für Kuchen sind die kleinen Größen besser geeignet.

Die Gläser werden vor dem Backen sorgfältig eingefettet - entweder mit weicher Butter oder Öl. Sie können sie zum besseren Lösen mit Semmelbröseln ausstreuen.

Die Gläser werden mit dem zubereiteten Teig nur zu zwei Dritteln gefüllt. Wichtig! Der Rand des Glases muß sauber bleiben. Sie können beim Einfüllen auch einen breiten Trichter verwenden.

Die Gummiringe legen Sie während der Zubereitung des Teiges in ein Schälchen mit kaltem Wasser zum Einweichen.

Die gefüllten ¼- und ½-Liter Gläser stellen Sie auf die mittlere Schiene im Backofen, die ¾-Liter Gläser auf die unterste Backofenschiene. Beachten Sie eine eventuelle Vorheizzeit im Rezept. Backen nach den Rezeptangaben.

Nach der im Rezept angegebenen Backzeit machen Sie eine Probe mit dem Holzstäbchen um festzustellen, ob der Kuchen fertig gebacken ist. Falls Teig am Holz hängen bleibt, noch ein paar Minuten länger backen. Danach die Gläser mit Backhandschuhen oder einem Topflappen herausnehmen. Vorsicht! Die Gläser sind sehr heiß.

Legen Sie die noch feuchten Gummiringe auf die Glasdeckel auf. Die Gläser sofort mit den Glasdeckeln verschließen und mit den Metallklammern fixieren. Die Klammern werden nach dem Abkühlen wieder entfernt.

Der Kuchen hält verschlossen an einem kühlen Ort mindestens 6 Monate. Obstkuchen ca. 1 Monat.

Pralinenherstellung:

Für die Pralinenherstellung brauchen Sie bei vielen Rezepten Pralinen-Hohlkörper, in die verschiedene Massen gespritzt werden. Ich kaufe sie gerne im Internet bei Firma www.hbs24.de. Sie werden generell nur lageweise verkauft. Auch die Größen sind sehr unterschiedlich. Es gibt die verschiedensten Formen - Sterne, Kugeln, Herzen, Dreiecke, Töpfchen, Halbkugeln - für jeden Geschmack in Zartbitter-, Vollmilch- oder weißer Schokolade. Daher ist die im Rezept angegebene Stückzahl nur eine ungefähre Zahl. Übrig gebliebene Hohlkörper kann man wie jede andere Schokolade für Kuchen verwerten.

 *Cupcakes:*

Cupcakes sind Muffins, die mit einer Cremehaube und mit Obst und Kuchendekoration hübsch verziert werden.

Damit Sie sich nach dem Verzehr eines Cupcakes noch bewegen können, backen wir alle Cupcakes in kleineren Backformen, ideal ist die Mini-Muffinsform für 24 Stück.

Die Mulden sind etwas flacher, die Teige gehen aber hervorragend auf, und Sie erhalten kleine Mini-Muffins von ca. 4 cm. Diese Form verwenden wir bei vielen unserer Rezepte, auch für verschiedene Fingerfood, so dass sich diese Anschaffung allemal lohnt.

Eine andere Variante sind Silikonförmchen, die es rund mit einem Durchmesser von 4 oder 5 cm oder als kleine Herzchen oder Blümchen gibt. Ich verwende am liebsten lose Förmchen. Sie sind stabil genug, um sie direkt auf ein Backblech zu stellen. Somit können Sie 20–24 Stück auf einmal backen und dabei Strom sparen.

In unserem Shop finden Sie die Mini-Muffinsform und verschiedene Silikonförmchen.

 *Vorspann*

INHALT

Himbeer-Cupcakes

 *Ofen vorheizen:*

Rezept ergibt 12 Stück.
180°C Ober-/Unterhitze

150 g Butter
80 g Rohrzucker
3 Eier
1 Prise Salz

in den Mixtopf abwiegen und **2 Minuten / 37°C / Stufe 5** erwärmen.

220 g Weizenmehl Type 405
2 TL Backpulver

zugeben und **15 Sekunden / Stufe 6** verrühren.

Den Teig in die 12 Silikonförmchen verteilen. In jedes Förmchen 3 frische oder gefrorene Himbeeren hineindrücken und backen.

 *Backen:*

ca. 20 Minuten. Nach dem Abkühlen mit der Creme dekorieren.

Creme:

100 g weiße Schokolade

in Stücken in den Mixtopf geben und **10 Sekunden / Stufe 10** zerkleinern.

50 g Schlagsahne

zugeben und **5 Minuten / 50°C / Stufe 2** erwärmen.

150 g Schlagsahne
Schale ½ Zitrone
3 TL Himbeerzucker
(Rezept Seite 50) oder
Himbeerfruchtpulver
(www.hbs24.de)

zugeben und **10 Sekunden / Stufe 4** mischen. 30 Minuten in den Gefrierschrank stellen. Nochmals ca. **10 Sekunden / Stufe 10** rühren bis eine Creme entstanden ist. 1 Stunde kalt stellen.

100 g Frischkäse

zugeben und **10 Sekunden / Stufe 3** unterziehen. In einen Spritzbeutel umfüllen und die Muffins dekorieren.

Schoko-Cupcakes

 *Ofen vorheizen:*

150 g Butter
80 g Rohrzucker
3 Eier
1 Prise Salz

220 g Weizenmehl Type 405
2 TL Backpulver
100 g Schokotröpfchen

 *Backen:*

150 g weiße Schokolade

90 g Butter

160 Speisequark, Magerstufe

2 TL Kakao

Rezept ergibt 12 Stück.
180°C Ober-/Unterhitze

in den Mixtopf abwiegen und **2 Minuten / 37°C / Stufe 5** erwärmen.

zugeben und **15 Sekunden / Stufe 6** verrühren.

Den Teig in 12 Silikonförmchen verteilen.

ca. 20 Minuten.

in Stücken in den Mixtopf geben und **10 Sekunden / Stufe 10** zerkleinern.
3 Minuten /50°C / Stufe 2 erwärmen.

15 Minuten in kaltes Wasser stellen.

zugeben und **5 Sekunden / Stufe 5** verrühren.

30 Sekunden / Knetstufe unterziehen.

Die Hälfte der Creme in einen Spritzbeutel füllen und die Muffins damit verzieren.

zur restlichem Creme in den Mixtopf geben und **5 Sekunden / Stufe 4** verrühren. Mit der Schokocreme genau wie oben die Muffins dekorieren.

Apfel-Cupcakes

Das Rezept reicht für eine 24-Mini-Muffinsform oder 12 Silikonmuffinsförmchen (7 cm).

 **Ofen vorheizen:**

180°C Ober-/Unterhitze

150 g Äpfel, entkernt
50 g Walnüsse

zusammen in den Mixtopf geben und **5 Sekunden / Stufe 5** zerkleinern. Umfüllen.

80 g Butter + 2 Eier
1 Prise Salz
40 g Rohrzucker

in den Mixtopf geben und **2 Minuten / 37°C / Stufe 5** erwärmen.

120 g Weizenmehl Type 405
1 TL Backpulver
zerkleinerte Äpfel/Nüsse
½ TL Zimt

zugeben und **15 Sekunden / Stufe 6** verrühren. Den Teig in die Mini-Muffinsform oder Silikonförmchen verteilen.

Backen:

15-18 Minuten.

Abkühlen lassen und mit Creme verzieren.

Creme:

20 g Pistazien, ungesalzen
30 g Zucker

in den Mixtopf geben und **10 Sekunden / Stufe 10** zerkleinern.

80 g Butter
150 g Frischkäse
1 Pck. Bourbon- Vanillezucker
Schale ½ Zitrone

zugeben und **10 Sekunden / Stufe 3-4** vermischen. Creme in einen Spritzbeutel mit Tülle füllen und die Muffins mit der Creme verzieren. Vor dem Servieren mit Puderzucker bestäuben.

Gebäck

Heidelbeer-Cupcakes

Das Rezept reicht für eine 24-Mini-Muffinsform oder 12 Silikonmuffinsförmchen (7 cm).

Ofen vorheizen:

220°C Ober-/Unterhitze

100 g kalte Butter, in Stücken

in den Mixtopf geben.

30 g Rohrzucker
1 Ei
1 Prise Salz
150 g Mehl

zugeben und **18 Sekunden / Stufe 4** mischen.

Den Teig in die Mini-Muffinsform verteilen, mit dem Holzdrücker und etwas Mehl kleine Körbchen formen. In den Silikonförmchen einen dünnen Boden formen.

100 g Schlagsahne
1 Pck. Vanillepuddingpulver
1 Ei
1 Päckchen Vanillezucker
80 g Heidelbeeren

zugeben und **5 Sekunden / Stufe 5** verrühren. Die Creme in die Körbchen verteilen.

Backen:

10-15 Minuten.

Jeweils 4 frische Heidelbeeren

nach dem Backen in die Körbchen setzen.

Vor dem Servieren mit bestäuben.

Puderzucker

Sie benötigen:

Minimuffinsform mit Drücker oder kleinere Silikonförmchen (Herzchen oder rund). Alle Varianten finden Sie in unserem Shop.

Gebäck

Kirsch-Cupcakes

Das Rezept reicht für eine 24-Mini-Muffinsform oder 12 Silikonmuffinsförmchen (7 cm).

 **Ofen vorheizen:**

220°C Ober-/Unterhitze

100 g Mandeln

im Mixtopf **5 Sekunden / Stufe 7** zerkleinern. Umfüllen.

80 g Butter + 2 Eier
1 Prise Salz
40 g Rohrzucker

zugeben und **2 Minuten / 37°C / Stufe 5** erwärmen.

120 g Weizenmehl Type 405
1 TL Backpulver + 2 TL Kakao
40 g Milch
die zerkleinerten Mandeln

zugeben und **15 Sekunden / Stufe 6** verrühren. Den Teig in eine gefettete Minimuffinsform oder Silikonmuffinsförmchen verteilen.

Jeweils 1 Kirsche

mittig in den Teig eindrücken.

Backen:

15-18 Minuten. Danach abkühlen lassen und mit der Creme verzieren.

Creme:

150 g Mascarpone
1 TL Kirschwasser
100 g Frischkäse
20 g Zucker

Alle Zutaten im Mixtopf **20 Sekunden / Stufe 4** (abwechselnd mit Linkslauf) mischen. In einen Spritzbeutel umfüllen und die Muffins verzieren.

Jeweils 1 Kirsche
Schokospäne

obendrauf setzen,
darüberstreuen.

 **Sie benötigen:**

Minimuffinsform oder kleinere Silikonförmchen (Herzchen oder rund). Alle Varianten finden Sie in unserem Shop.

Gebäck

Rosmarinbrot im Glas

600 g Dinkelmehl Type 1050
30 g Olivenöl
30 g Hefe
10 g Salz
160 g warmes Wasser
100 g Milch
1 TL Rosmarin

Alle Zutaten für den Teig in den Mixtopf geben und **4 Minuten / Knetstufe** kneten. 20 Minuten im Mixtopf ruhen lassen. Nochmals **40 Sekunden / Knetstufe** kneten. Dann 1 EL Mehl durch die Deckelöffnung zugeben und **5 Sekunden / Stufe 7** zum besseren Lösen des Teiges vom Topfrand - „abstauben".

Anleitung „Backen in Weck®-Einmachgläsern:" auf Seite 4 lesen!

In gefettete, mit Semmelbrösel ausgestreute Sturzgläser (Weck®) zu etwa ⅔ füllen. Der Rand muss sauber bleiben!

¾-Liter Gläser werden auf die unterste Schiebeposition und ½-Liter oder ¼-Liter Gläser auf die mittlere Schiebeposition gestellt. Gläser nicht verschließen!

 *Backen:*

Bei 200°C Ober- / Unterhitze ¾-Liter Gläser ca. 35 Minuten, ½-Liter und ¼-Liter Gläser ca. 30 Minuten. Klopfprobe machen - klingt es hohl, ist das Brot durchgebacken.

Nach dem Backen die Gläser mit einem Topflappen herausnehmen, die feuchten Gummiringe auf den Deckelrand legen. Gläser mit Klammern verschließen. Diese werden nach dem Abkühlen entfernt.

 *Sie benötigen:*

Sturzgläser zum Einkochen.

 *Gebäck*

Engelsflügele

 **Ofen vorheizen:**   175°C Ober-/Unterhitze

70 g Macadamianüsse, ungesalzen
80 g Rohrzucker   zusammen im Mixtopf **8 Sekunden / Stufe 10** zerkleinern.

200 g Butter   in Stücken zugeben.

1 Ei
320 g Weizenmehl Type 405
¼ TL abger. Zitronenschale
Mark von ¼ Vanilleschote
1 Prise Salz   zugeben und **10 Sekunden / Stufe 6** vermischen. Teig herausnehmen und kurz von Hand zusammenkneten. In Frischhaltefolie eingepackt 1 Stunde kalt stellen.

Den Teig auswellen und z.B. Engelsflügel, Sterne oder kleine Engelchen ausstechen. Auf ein mit Backpapier ausgelegtes Backblech setzen.

 **Backen:**   bei 175°C ca. 10-15 Minuten.

Mit Puderzucker   die abgekühlten Plätzchen bestäuben.

 **Tipp:**   Ungesalzene Macadamianüsse sind schwer zu bekommen, deshalb wasche ich die gesalzenenen Nüsse gut ab.

 **Sie benötigen:**   Engelsflügel-Ausstecher - finden Sie bei uns im Shop.

Gebäck

Honigherzen

 *Ofen vorheizen:*　　　180°C Ober-/Unterhitze

40 g Rohrzucker

im Mixtopf **10 Sekunden / Stufe 10** pulverisieren.

50 g Walnüsse
50 g Mandeln

und
zugeben und **4 Sekunden / Stufe 8** zerkleinern. Umfüllen.

120 g Honig

in den Mixtopf geben und **2 Minuten / 50°C / Stufe 1** erhitzen.

220 g Weizenmehl Type 1050
1 TL Backpulver
60 g Marzipan
1 EL Kakao
1 Ei + 40 g Butter
zerkleinerte Nüsse/Zucker

Restliche Zutaten zugeben und **12 Sekunden / Stufe 6** mit Hilfe des Spatels vermischen. Herausnehmen, von Hand zusammenkneten und 1 Stunde im Kühlschrank ruhen lassen.

Mit Mehl auswellen und Herzen ausstechen. Für eine Schleife 1 kleines Loch ausstechen. Mit etwas Wasser bepinseln.

 *Backen:*

bei 180°C Ober- / Unterhitze auf mittlerer Schiene ca. 10-15 Minuten.

Die abgekühlten Herzen mit Zuckerguss verzieren:

100 g Puderzucker
1 EL warmes Wasser
ca. Saft einer ½ Zitrone

in ein Schüsselchen geben, gut verrühren bis die Masse zäh ist. Für eine schöne rosa Farbe kann man statt Wasser Johannisbeersaft nehmen.

Gebäck

Partysnack

 Ofen vorheizen:　　220°C Ober-/Unterhitze

1 Knoblauchzehe
1 Handvoll frische Kräuter　　zusammen in den Mixtopf geben und **5 Sekunden / Stufe 7** zerkleinern.

50 g Salami, in Stücken
20 g Ketchup
20 g eingel. getr. Tomaten
je 1 Prise Salz, Pfeffer, Rosenpaprika
200 g Frischkäse　　Restliche Zutaten zugeben und **5 Sekunden / Stufe 4-5** vermischen.

1 Rolle frischer Blätterteig　　auf der Arbeitsfläche auslegen und mit dem zubereiteten Aufstrich bestreichen. Aufrollen und in 1 cm dicke Scheiben schneiden. Auf ein mit Backfolie ausgelegtes Backblech setzen.

 *Backen:*　　ca. 15-20 Minuten.

 *Tipp:*　　Möchte man eine schärfere Variante, dann Pfeffersalami und statt Ketchup Chilipaste (Rezept auf Seite 92) verwenden. Zusammen mit einer Flasche Wein ist dieser Snack ein tolles Mitbringsel zur Grillparty oder einem Fernsehabend.

Gebäck

Sternenbäumchen

 **Ofen vorheizen:** 180°C Ober-/Unterhitze

100 g Walnüsse — im Mixtopf **5 Sekunden / Stufe 6** zerkleinern.

350 g Weizenmehl Type 405
100 g Zucker
½ TL Zimt
200 g Butter, kalt in Stücken
1 Ei
2 gestrichene TL Backpulver — Restliche Zutaten zugeben. **15 Sekunden / Stufe 6** und **40 Sekunden / Knetstufe** vermischen. Den Teig herausnehmen, kurz von Hand zu einer Kugel formen und 1 Stunde kalt stellen.

Den Teig ½ cm dick auswellen und Sterne in 3 verschiedenen Größen ausstechen.

Himbeermarmelade — Die zwei größeren Sterne mit bestreichen und die drei Sterne jeweils aufeinandersetzen.

 **Backen:** bei 180°C auf mittlerer Schiene ca. 20 Minuten.

Puderzucker — Die abgekühlten Bäumchen mit bestäuben.

 **Sie benötigen:** Stern-Ausstecher in drei Größen.

Gebäck

Apfelkuchen im Glas

100 g Dinkel	im Mixtopf **30 Sekunden / Stufe 10** zerkleinern.
500 g säuerliche Äpfel	vierteln, entkernen und in den Mixtopf geben.
200 g Rosinen	zugeben und **5 Sekunden / Stufe 4-5** zerkleinern.
100 g Haselnüsse + 80 g Zucker *300 g Dinkelmehl Type 550* *1 Päckchen Vanillezucker* *1 Päckchen Backpulver* *1 TL Lebkuchengewürz (s. unten)* *je 10 g Kakao und Kirschwasser*	Restliche Zutaten zugeben und mit Hilfe des Spatels **1 ½ Minuten / Knetstufe** mischen.

Anleitung „Backen in Weck®-Einmachgläsern:" auf Seite 4 lesen!

Den Teig in gefettete und ausgestreute Sturzgläser füllen. Die kleineren Gläser auf die mittelere, die ¾-Liter Gläser auf die unterste Schiebeleiste stellen. Gläser bleiben beim Backen offen.

Backen:

bei 200°C Ober- / Unterhitze ca. 25 Minuten (kleine Gläser), ca. 50 Minuten (große Gläser) backen. Stäbchenprobe machen.

Nach dem Backen noch heiß verschließen. Verschlossen und kühl gelagert ist der Kuchen mind. 1 Monat haltbar.

Lebkuchengewürz:
45 g Zimt, gemahlen
¼ TL Nelken, gemahlen
je ½ TL Muskat, Kardamom,
Koriander, Ingwer und Piment

alle Gewürze im Mixtopf **10 Sekunden / Stufe 2-3** mischen.

Gebäck

Glückspilze

40 g Weihnachtszucker
(Rezept „Weihnachtszucker" auf Seite 48
60 g Rohrzucker

im Mixtopf **10 Sekunden / Stufe 10** pulverisieren.

100 g Akazienhonig
100 g Butter

zusammen in den Mixtopf geben und **3 Minuten / 50°C / Stufe 2** erwärmen.

350 g Dinkelmehl Type 550
40 g Orangensaft
½ TL Ingwerpulver

Restliche Zutaten zugeben und **15 Sekunden / Stufe 6** mit Hilfe des Spatels vermischen. Kurz von Hand zusammenkneten, in Frischhaltefolie einpacken und 1 Stunde im Kühlschrank ruhen lassen.

 *Ofen vorheizen:*

180°C Ober-/Unterhitze

Den Teig mit Mehl auswellen und Pilze ausstechen.

Backen:

Auf mittlerer Schiene 10-15 Minuten.

Plätzchen abkühlen lassen und mit Zuckerguss verzieren:

100 g Puderzucker
1 EL warmes Wasser
ca. Saft ½ Zitrone

in einem Schüsselchen zum leicht dickflüssigen Guss zusammenrühren.

rote Lebensmittelfarbe

Gut die Hälfte der weißen Puderzuckerglasur mit 1-2 Tropfen roter Lebensmittelfarbe einfärben und die Pilze rot/weiß verzieren.

Sie benötigen:

Fliegenpilzausstecher.

Gebäck

Herzbrötchen

700 g Dinkelmehl Type 550
2 TL Salz
200 g warmes Wasser
150 g Milch 1,5%
40 g Butter
1 Würfel Hefe
1 TL Zucker

Zutaten für den Teig in den Mixtopf abwiegen und **4 Minuten / Knetstufe** kneten.

20 Minuten im Topf ruhen lassen. Nochmals **40 Sekunden / Knetstufe** kneten. Herausnehmen.

Auf einer Silikonmatte den Teig kurz von Hand durchkneten. Eiförmige Teiglinge formen und jeweils zwei Stücke zu einem Herz zusammensetzen. Auf ein mit Backpapier ausgelegtes Blech setzen.

1 Eigelb + 1 EL Milch

verquirlen und die Herzen bestreichen.

Mit Sesam, Mohn oder
Schokostreuseln

die Brötchen verzieren.

 Backen:

bei 200°C Ober- / Unterhitze ca. 20-25 Minuten.

Gebäck

Pistazienkugeln

125 g dunkle Kuvertüre

in Stücken in den Mixtopf geben und **10 Sekunden / Stufe 10** zerkleinern. In eine hitzefeste Schale umfüllen.

25 g gehackte Pistazien
200 g Marzipanmasse
30 g Orangenlikör

Alle Zutaten in den Mixtopf geben. **10 Sekunden / Stufe 4** mischen. ½ Stunde in den Gefrierschrank legen.

½-Liter heißes Wasser in den Mixtopf geben. Die hitzefeste Schale mit der zerkleinerten Kuvertüre auf den Mixtopfdeckel setzen. Solange auf **Garstufe / Stufe 2** erhitzen, bis alle Pistazienkugeln eine Schokohülle haben (siehe unten).

Aus der abgekühlten Masse zwei Rollen von ca. 2 cm Durchmesser formen. In je 1 cm dicke Scheiben schneiden.

Scheiben mit den Händen zu Kugeln formen. Kurz in die flüssige Kuvertüre eintauchen und auf einem Gitter trocknen lassen. Wichtig - öfters drehen, damit sie nicht festkleben! Die Pralinen erhalten dadurch eine schöne Verzierung.

Das Rezept ergibt ca. 60 Stück.

Pralinen

Weiße Knusperle

30 g Reiswaffeln	in Stücken in den Mixtopf geben. **8 Sekunden / Stufe 4-5** zerkleinern. Umfüllen.
300 g weiße Crispschokolade	in Stücken in den Mixtopf geben und **10 Sekunden / Stufe 10** zerkleinern.
50 g Butter *1 TL Vanillezucker* *100 g Mandelstifte*	und die zerkleinerten Reiswaffeln zugeben und **20 Sekunden / Stufe 2** vermischen. Auf einem Backblech mit dem Spatel verteilen und kalt stellen.

Beschwipste Pralinen

100 g Sahne	in den Mixtopf geben und **2 Minuten / 100°C / Stufe 2** erhitzen.
100 g Zartbitterschokolade *100 g Haselnussschokolade* *40 g Butter*	Schokolade und Butter in Stücken zugeben und **10 Sekunden / Stufe 10** zerkleinern. Mit dem Spatel die Topfwände und Deckel abziehen und alles nach unten schieben. Mixtopf 10 Minuten in kaltes Wasser stellen.
50 g Kirschwasser	zugeben und **10 Sekunden / Stufe 4** mischen. Die Füllung portionsweise in einen Spritzbeutel füllen und die Creme in offene Schokoladenhohlkörper spritzen.
Mit Mandelsplittern	bestreuen. Kalt aufbewahren.
Sie benötigen:	ca. 58 Stück offene Zartbitter-Hohlkörper - z.B. Halbkugeln, Herzen, Sterne, Töpfchen, Dreieckschalen.

Himbeergeist-Trüffel

100 g Sahne

in den Mixtopf geben und **2 Minuten / 100°C / Stufe 2** erhitzen.

100 g Zartbitterschokolade
100 g Nougatschokolade
30 g Butter

Schokolade und Butter in Stücken in den Mixtopf geben und **10 Sekunden / Stufe 10** zerkleinern. **1 Minute / 50°C / Stufe 2** erhitzen. Den Mixtopf in kaltes Wasser stellen.

50 g Himbeergeist

zugeben und **10 Sekunden / Stufe 4** mischen. Die Füllung in Schokoladen-hohlkörper (z.B. Halbschalen) spritzen.

Mit Schokospänen
Himbeerzucker (Seite 50)

und
bestreuen. Kalt aufbewahren!

 **Sie benötigen:**

ca. 62 Stück offene Hohlkörper - z.B. Halbschalen, Herzen, Sterne.

Nougattrüffel

200 g Vollmilchschokolade

in Stücken in den Mixtopf geben und **5 Sekunden / Stufe 8** zerkleinern.

50 g Sahne

zugeben und **2 Minuten / 50°C / Stufe 2** erwärmen.

200 g Nougatmasse, in Stücken
80 g Nussnougatcreme
(z.B. Nutella)

zugeben. **10 Sekunden / Stufe 6** mischen. Umfüllen. Dann mit einem klei-nen Löffel (oder Melonenstecher) kleine Kugeln abstechen und rasch zwischen den Händen rund formen.

In Schokostreuseln o. -raspeln

wälzen. Kalt aufbewahren!

Das Rezept ergibt ca. 60 Stück.

 **Sie benötigen:**

Nougatmasse gibt es in der Backwa-renabteilung in jedem Supermarkt.

Pralinen

Wasabipralinen mit Sesam

2 EL Sesamsamen	in einer Pfanne ohne Fett goldbraun rösten. Zur Seite stellen.
25 g Rohrzucker	im Mixtopf **15 Sekunden / Stufe 10** pulverisieren. Puderzucker mit dem Spatel von den Wänden nach unten schieben.

Wasabi-Guss:

5 g Zitronensaft 1 EL Wasabipaste	zugeben und **5 Sekunden / Stufe 3** mischen. In einen kleinen Spritzbeutel umfüllen (oder in einen Gefrierbeutel, bei dem Sie eine kleine Ecke abschneiden). In jeden Schoko-Hohlkörper einen Tupfen spritzen.

Ganache-Masse:

80 g Sahne	in den Mixtopf geben und **2 Minuten / 100°C / Stufe 3** erhitzen.
200 g Zartbitterschokolade, in Stücken 20 g Butter, in Flöckchen 10 g Sesamöl	zugeben und **10 Sekunden / Stufe 10** zerkleinern. **1 Minute / 50°C / Stufe 2** erhitzen. Die Masse in einen Spritzbeutel füllen und in die Hohlkörper über den Wasabi-Guss spritzen.
Mit dem gerösteten Sesam	bestreuen. Kalt aufbewahren!

 **Tipp:** Variante ohne Hohlkörper: 100 g Sesam rösten und auf ein Backblech deckend verteilen. Die Ganachemasse in einen Spritzbeutel mit Lochtülle (1,5 cm Durchmesser) umfüllen und auf den Sesam 2-3 lange Rollen spritzen. Diese rundherum im Sesam wenden. Mindestens 2-3 Stunden kalt stellen. Die Rollen in 1,5 cm lange Stücke schneiden. Je einen Tupfen vom Wasabi-Guss auf jedes Stückchen spritzen.

Sie benötigen: ca. 60 Stück Schokoladenhohlkörper z.B. Halbkugeln, Herzen, Sterne.

Kaffeetrüffel

1 TL ganze Kaffeebohnen	im Mixtopf **30 Sekunden / Stufe 10** zerkleinern.
80 g Sahne	zugeben und **2 Minuten / 100°C / Stufe 3** erwärmen.
100 g Haselnussschokolade *200 g Zartbitterschokolade*	in Stücken in den Mixtopf geben und **10 Sekunden / Stufe 10** zerkleinern.
	Die Masse mit dem Spatel von den Wänden und dem Deckel abziehen und nach unten schieben.
200 g Nougatmasse, in Stücken *40 g Kaffeelikör*	zugeben. **10 Sekunden / Stufe 5** mischen. Auf eine Silikonarbeitsmatte umfüllen.
	Aus der Masse 1,5 cm dicke Rollen formen. In 2 cm lange Stücke schneiden.
Je 1 Schokoladenmokkabohne	in jedes Stück eindrücken und rasch zu einer Kugel formen.
in Kakaopulver	Jede Kugel wälzen.
	Die Trüffeln zwischen einzelnen Lagen Pergamentpapier kühl und trocken lagern. 1-2 Tage durchgezogen schmecken sie am besten.
	Das Rezept ergibt ca. 70 Stück.

Pralinen

Amarenakugeln

80 g Sahne	in den Mixtopf geben und **2 Minuten / 100°C / Stufe 3** erhitzen.
100 g Zarbitterschokolade *100 g Vollmilchschokolade* *50 g Butter, in Flöckchen*	Schokolade in Stücken zusammen mit der Butter zugeben und **10 Sekunden / Stufe 10** zerkleinern. Mit dem Spatel die Topfwände und Deckel abziehen und alles nach unten schieben. Den Topf 10 Minuten in kaltes Wasser stellen.
20 g Cognac	zugeben und **10 Sekunden / Stufe 4** mischen.
1 Glas Amarenakirschen, ca. 40 Stück *(Rezept Seite 80)*	Jeweils eine ½ Kirsche in eine Halbschale verteilen (in Kugelhohlkörper kleinere Stücke). Die erkaltete, aber noch flüssige Ganache in einen Spritzbeutel füllen und in die Hohlkörper bis knapp unter den Rand füllen.
Mit Schokoröllchen	bestreuen. Zwischen Lagen von Pergamentpapier kühl und trocken aufbewahren!

 *Sie benötigen:*   ca. 80 Stück offene Zartbitter-Hohlkörper - z.B. Halbkugeln, Herzen, Sterne, Töpfchen, Dreieckschalen.

Pralinen

Weihnachtsmandeln

400 g Mandeln
120 g Rohrzucker
10 g Butter
150 g Kinderglühwein (Rezept Seite 64)
1 Pck. Bourbon-Vanillezucker

Alle Zutaten in den Mixtopf geben. Ohne Messbecher ca. **22 Minuten / Linkslauf / Garstufe / Stufe 1** kochen. Solange kochen bis die Flüssigkeit sich vollständig um die Mandeln verteilt hat.

Die Mandeln auf einem mit Backpapier ausgelegten Backblech verteilen und auskühlen lassen.

 *Tipp:*

Für Erwachsene Glühwein mit Alkohol verwenden.

Caipirinhapralinen

100 g Sahne

in den Mixtopf geben und **2 Minuten / 100°C / Stufe 3** erhitzen.

200 g weiße Schokolade, in Stücken
40 g Butter

in den Mixtopf zugeben und **10 Sekunden / Stufe 10** zerkleinern. **1 Minute / 50°C / Stufe 3** erhitzen.

20 g Limettensaft
30 g Pitú

zugeben und **5 Minuten / Stufe 4** mischen. Die Füllung in weiße Schokoladenhohlkörper spritzen. Erkalten lassen.

1 Limette

Die Schale fein abreiben und mit 2 EL Rohrzucker vermischen. Die Pralinen mit der Zuckermischung bestreuen. Kalt aufbewahren!

Pralinen

Weihnachtszucker

150 g Rohrzucker
10 g Kakao
10 g lösl. Cappuccinopulver
je 2 Prisen gem. Muskat und Nelken
½ TL gem. Kardamon
½ TL gem. Zimt
Mark 1 Vanilleschote

Alle Zutaten in den Mixtopf geben und **20 Sekunden / Stufe 8** mischen.

In kleine Tütchen oder Glasröhrchen abpacken.

 *Tipp:*

Zum Bestäuben von Cappuccino, Tiramisu, Eis oder Schokomousse.

Himbeerzucker

50 g Himbeeren
250 g Zucker

zusammen in den Mixtopf geben und **5 Sekunden / Stufe 5** vermischen.

Sehr dünn auf ein Backblech streichen und bei 50°C Umluft trocknen lassen. Ab und zu umdrehen. Damit die Feuchtigkeit aus dem Ofen entweichen kann, einen Holzlöffel zwischen die Tür klemmen. Die getrocknete Masse (dauert einige Stunden) in den Mixtopf geben und **10 Sekunden / Stufe 10** pulverisieren. Falls der Zucker noch etwas feucht ist, nochmals im Backofen nach Bedarf nachtrocknen.

 *Tipp:*

Zum Dekorieren von Pralinen, Tiramisu, Cupcakes ...
Sie können auch Erdbeeren oder Heidelbeeren nehmen. Verwenden Sie den Zucker beim Backen statt künstlicher Lebensmittelfarbe.

Massageherzen

20 g Bienenwachs	in den Mixtopf geben und **2 Minuten / 100°C / Stufe 1** erwärmen.
80 g Sheabutter	zugeben und **3 Minuten / 50°C / Stufe 2** erwärmen.
100 g Kakaobutter *20 ml Sandornöl*	zugeben und **30 Sekunden / Stufe 7** mischen.

Noch warm in Silikonherzförmchen füllen und kalt stellen.

Tipp: Reinigung des Mixtopfs: Den Mixtopf mit 1 ½ Liter heißem Wasser füllen und **10 Minuten / Garstufe / Stufe 2** erhitzen. Wasser wegschütten und den Mixtopf in der Geschirrspülmaschine reinigen.

Verwendung: Die Massageherzen eignen sich zum Einmassieren des ganzen Körpers anstelle von Öl.

Sie benötigen: Sheabutter kaufen Sie im Internet z.B. bei afrikahandel.de

Lavendelbad

1 Zimtstange
10 g getr. Orangen-/Zitronenschale
1 Vanilleschote, in Stücken
10 g Lavendelblüten

alles in den Mixtopf geben und **5 Sekunden / Stufe 10** zerkleinern.

200 g gröberes Meersalz
150 g Magermilchpulver

zugeben und **10 Sekunden / Stufe 8** mischen. In ein Weckglas (oder in ein Glas mit Schraubverschluß) füllen.

Mindestens 1 Woche ziehen lassen.

 *Tipp:*

Jeweils 3 EL in Organzasäckchen füllen. Fest zubinden. Mit getrocknetem Lavendel dekorieren. Ein Säckchen in den laufenden Wasserstrahl für ein Vollbad hängen.

Als Milchpulver können Sie auch Babynahrung verwenden.

Rosenseife

100 g Kernseife	in Stücken in den Mixtopf geben. **5 Sekunden / Stufe 10** zerkleinern. Umfüllen.
50 g Bienenwachs	zugeben und **4 Minuten / 100°C / Stufe 1** erhitzen.
50 g Sheabutter	zugeben und **2 Minuten / 90°C / Stufe 1** erhitzen.
Die zerkleinerte Kernseife	wieder zugeben und **15 Sekunden / 90°C / Stufe 4** vermischen.
20 ml Rosenöl *1 Handvoll Rosenblätter* *(frisch oder getrocknet)*	zugeben und **10 Sekunden / Stufe 4** mischen. Umfüllen und 20 Minuten abkühlen lassen. Noch warm zu Kugeln formen (eventuell eine Aufhängekordel durchziehen) oder in Silikonförmchen drücken. Fest werden lassen.

 *Tipp:*

Reinigung des Mixtopfs: Den Mixtopf mit 1 ½ Liter heißem Wasser füllen und **10 Minuten / Garstufe / Stufe 2** erhitzen. Wasser wegschütten und den Mixtopf in der Geschirrspülmaschine reinigen.

 *Sie benötigen:*

Sheabutter kaufen Sie im Internet z.B. bei afrikahandel.de
Kernseife erhalten Sie in jedem Drogeriemarkt.

Duftende Geschenke

Kaffeeseife

260 g Kernseife	in Stücken in den Mixtopf geben.
50 g Bienenwachs	zugeben und **5 Sekunden / Stufe 8** zerkleinern.
	8 Minuten / Garstufe / Stufe 2 erhitzen.
20 g Neo-Balistol *15 g gemahlener Kaffee*	zugeben und **8 Sekunden / Stufe 4** mischen.
	Umfüllen und noch warm zu Kugeln formen (eventuell eine Aufhängekordel durchziehen) oder in Silikonförmchen drücken. Fest werden lassen.

 **Tipp:**

Reinigung des Mixtopfs: Den Mixtopf mit 1 ½ Liter heißem Wasser füllen und **10 Minuten / Garstufe / Stufe 2** erhitzen. Wasser wegschütten und den Mixtopf in der Geschirrspülmaschine reinigen.

 **Sie benötigen:**

Kernseife und Neo-Balistol erhalten Sie in einem gut sortierten Drogeriemarkt. Neo-Balistol ist ein altes Hausmittel, es enthält viele wirksame ätherische Öle wie z.B. Minzöl und Anisöl. Daher wirkt es desinfizierend und entspannend. Wunderbar als Massageöl, zur Haut- und Handpflege bei spröder Haut.

Sprudelherzen

2 EL Ringelblumenblätter
(frisch oder getrocknet)
60 g Sheabutter
15 g Kokosfett
(z.B. Palmin in Würfel)

zugeben und **5 Sekunden / Stufe 7** zerkleinern. **4 Minuten / 60°C / Stufe 2** erhitzen.

200 g Natron
50 g Magermilchpulver
50 g Maisstärke
100 g Zitronensäure
10 g Wellnessöl

Restliche Zutaten zugeben und **15 Sekunden / Stufe 3** mischen.

Die Masse in Silikonförmchen pressen oder zu Kugeln formen. Im Kühlschrank aushärten lassen.

Anwendung: beim Vollbad unter den Rücken legen und das Blubbern genießen!

 *Tipp:*

Reinigung des Mixtopfs: Den Mixtopf mit 1 ½ Liter heißem Wasser füllen und **10 Minuten / Garstufe / Stufe 2** erhitzen. Wasser wegschütten und den Mixtopf in der Geschirrspülmaschine reinigen.

 *Sie benötigen:*

Sheabutter kaufen Sie im Internet z.B. bei afrikahandel.de, Natron und Zitronensäure finden Sie günstiger im gut sortierten Drogeriemarkt.

Zitronenlikör

3 unbehandelte Zitronen	heiß waschen und nur ganz dünn die Schale abschälen. In ein 1-Liter Weck-Glas füllen.
Saft von 2 Zitronen	zugeben.
Mit 500 g Doppelkorn	auffüllen. Glas verschließen, den Inhalt gut vermischen und ca. 1 Woche im Dunkeln ziehen lassen.
	Danach durch ein Sieb in eine Schüssel absieben.
200 g heißes Wasser *300 g Rohrzucker* *1 Päckchen Vanillezucker* *300 g Cremefine zum Kochen*	Alle Zutaten in den Mixtopf geben und **5 Minuten / 100°C / Stufe 2** erhitzen.
Den abgesiebten Korn	zugeben und **20 Sekunden / Stufe 3-4** mischen.
	In formschöne Flaschen abfüllen. Im Kühlschrank ca. 2 Wochen haltbar.
	Vor dem Servieren gut schütteln!

Kinderglühwein

500 g Apfelsaft
350 g Kirschsaft
Saft 1 Zitrone
Saft 1 Orange
250 g Johannisbeersaft
je 2 Prisen Zimt, Nelken und Ingwer
1 Päckchen Vanillezucker

Alle Zutaten in den Mixtopf abwiegen und **8 Minuten / 90°C / Stufe 2** erhitzen.

 *Tipp:*

Beliebt bei jedem Kindergeburtstag oder als Kindergetränk bei der Weihnachtsfeier.

Mangodrink

1 Dose Mango
500 g Joghurt
50 g Zucker

in den Mixtopf geben und **20 Sekunden / Stufe 10** pürieren.

1 Liter Orangensaft

zugeben und nochmals **10 Sekunden / Stufe 10** vermischen.

In hohen Pokalgläsern servieren. 2-3 EL gecrashtes Eis mit 1 Spritzer Grenadine oder Johannisbeersaft ins Glas füllen, dann langsam mit dem Mangodrink auffüllen.

 *Tipp:*

Wunderbares Getränk für Groß und Klein bei jedem Sommerfest.

Liköre & Weine

Glühwein
für
Kids

Apfellikör

1 kg säuerliche Äpfel	waschen, vierteln und Kerngehäuse entfernen. In den Mixtopf geben.
300 g Rohrzucker	zugeben und **10 Sekunden / Stufe 5** zerkleinern.
500 g Doppelkorn *Mark 1 Vanilleschote* *200 g weißer Rum* *100 g Roséwein* *1 Handvoll Pfefferminzblättchen*	Restliche Zutaten zugeben und **15 Sekunden / Stufe 3** mischen. In ein großes Weck®-Glas füllen, verschliessen und 6 Wochen an einem dunklen Ort ziehen lassen. Ab und zu durchschütteln.

Danach Apfelstückchen absieben und den Likör in formschöne Flaschen füllen.

 **Tipp:**

Die beschwipsten Apfelstücke erhitzen und über Vanilleeis geben!

Liköre & Weine

Ingwerlikör

30 g frischer Ingwer	schälen und in Stücken in den Mixtopf geben. **5 Sekunden / Stufe 6** zerkleinern.
½ Liter Doppelkorn	zugeben und **5 Sekunden / Stufe 3** mischen. In ein großes Weck®-Glas mit Deckel geben und eine Woche im Dunkeln ziehen lassen. Einmal täglich schütteln.
	Nach einer Woche die Ingwerstückchen absieben und den Korn beiseite stellen.
100 g Honig *20 g Wasser*	in den Mixtopf geben. Die abgesiebten Ingwerstücke zugeben. **3 Minuten / 100°C / Stufe 2** erhitzen. Korn zugeben und **5 Sekunden / Stufe 3** mischen.
	Durch ein Sieb in formschöne Flaschen füllen. Gut verschlossen ist der Likör unbegrenzt haltbar.
Info:	Der Likör kann etwas trübe werden. Zum Verschenken können Sie den Likör durch feine Gaze absieben. Ansonsten setzt sich der Ansatz bei der Lagerung ab.

Himbeerlikör

300 g Himbeeren, frisch oder gefr.
120 g Schlagsahne
100 g Rohrzucker

in den Mixtopf geben. **5 Sekunden / Stufe 7** zerkleinern. Dann **8 Minuten / 100°C / Stufe 2** kochen.

Durch ein feines Sieb passieren. Das passierte Mark wieder in den Mixtopf geben.

40 g Zitronensaft
200 g Doppelkorn
40 g Himbeergeist

Restliche Zutaten zugeben und **10 Sekunden / Stufe 4** rühren.

In formschöne Flaschen abfüllen. Im Kühlschrank ca. 2 Wochen haltbar.

Pur genießen oder mit Sekt auffüllen.

Bierlikör

1,5 Liter Doppelbockbier
150 g Rohrzucker
1 Pck. Bourbon-Vanillezucker
Saft von ½ Zitrone
1 Prise Zimt
1 Prise Nelken

Alle Zutaten in den Mixtopf geben und **15 Minuten / 90°C / Stufe 2** köcheln.

200 g Doppelkorn
50 g weißer Rum

zugeben und **10 Sekunden / Stufe 4** mischen.

In formschöne Flaschen abfüllen. Im Keller ist er lange haltbar.

Jedes Männerherz freut sich über dieses Geschenk.

 *Tipp:*

Liköre & Weine

Löwenzahnblütenhonig

Ca. 120 Löwenzahnblüten

Die Blüten in der Mittagssonne pflücken. Säubern und mit einer Schere das Grüne abschneiden.

Mit 1,1 kg Zucker

in einem verschließbaren Schraubverschlußglas schichten. 8 Wochen an einem warmen Ort stehen lassen. Der Zucker verflüssigt größtenteils.

90 g Zitronensaft

in den Mixtopf geben, den Löwenzahnzucker zugeben und **18 Minuten / 90°C / Stufe 2** erhitzen.

Durch ein feines Sieb in Gläser mit Schraubverschluß abfüllen.

 **Tipp:**

Löwenzahnblütenhonig verwendet man zum Süßen von Tees oder als Brotaufstrich. Löwenzahn beeinflusst positiv den Stoffwechsel. Er hat auch eine appetitanregende Wirkung und unterstützt die Entschlackung, da er Niere und Leber aktiviert.

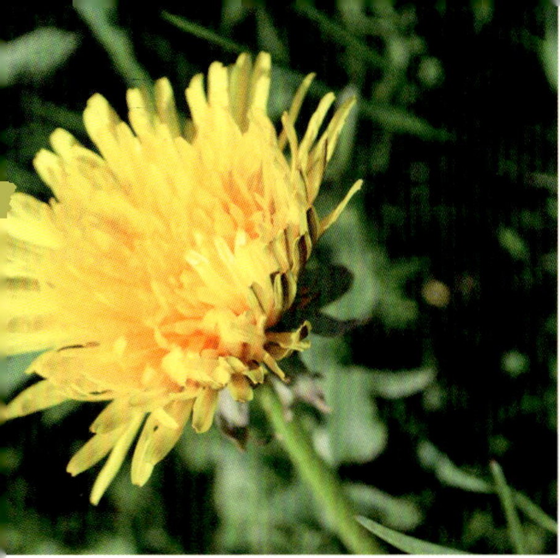
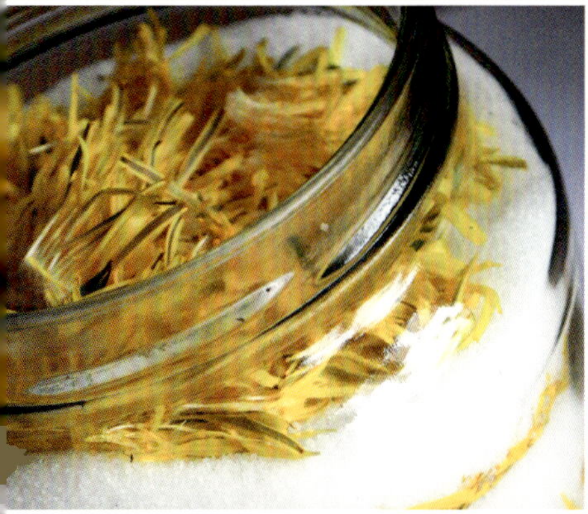
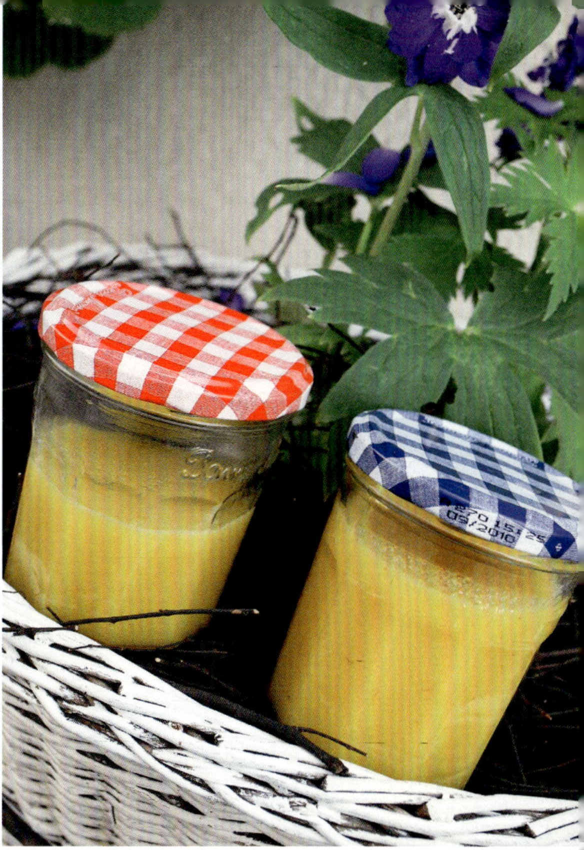
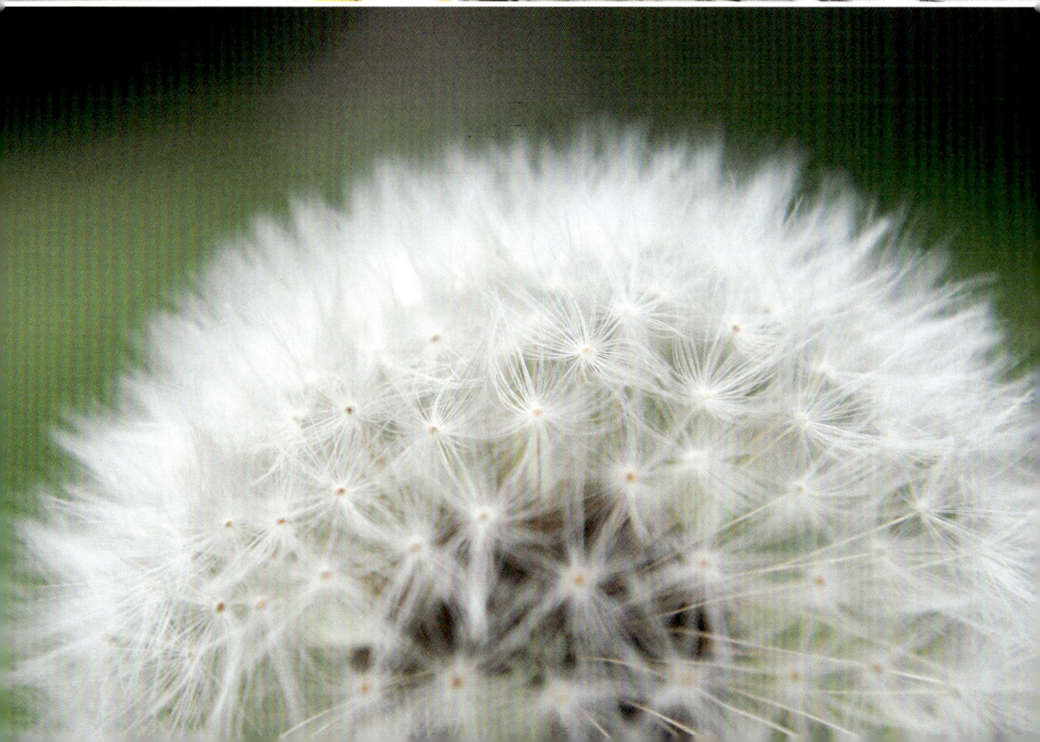

Zwetschgen-Pfirsich-Marmelade

500 g Zwetschgen
500 g Pfirsich

waschen und entsteinen. In den Mixtopf geben.

Saft 1 Zitrone
8 Minzblättchen
500 g Gelierzucker 2:1

Restliche Zutaten zugeben und **10 Sekunden / Stufe 6** zerkleinern. Danach **13 Minuten / 100°C / Stufe 3** kochen.

Sofort in heiß ausgespülte Gläser füllen, verschließen und 5 Minuten auf den Kopf stellen.

Aus dem Garten

Lavendelblütengelee

700 g Orangensaft
40 g Metaxa
40 g Zitronensaft
400 g Gelierzucker 2:1

Alle Zutaten in den Mixtopf abwiegen und **13 Minuten / 100°C / Stufe 3** erhitzen.

10 g Lavendelblüten

zugeben und nochmals **1 Minute / 100°C / Stufe 3** erhitzen.

Sofort in heiß ausgespülte Gläser füllen und sofort verschließen.

 *Tipp:*

Damit man die Lavendelblüten in den Gläsern besser sieht, lege ich die Gläser auf die Seite. Dann sind die Blüten im Glas schön zu sehen.

Orangengelee mit Glühwein

Glühweinmarmelade:

200 g Boskop Äpfel

waschen, vierteln, entkernen und mit der Schale in den Mixtopf geben. **3 Sekunden / Stufe 5** zerkleinern.

400 g Glühwein
300 g Gelierzucker 2:1

in den Mixtopf zugeben. **5 Sekunden / Stufe 6** mischen. Danach **12 Minuten / 100°C / Stufe 2** kochen. Dann **10 Sekunden / Stufe 9** pürieren.

In schräg gestellte, heiß ausgespülte Gläser füllen. Den Schraubdeckel nur leicht auflegen. Die Marmelade fest werden lassen. In der Zwischenzeit das Orangengelee zubereiten.

Orangengelee:

400 g Orangensaft
10 g Cointreau
Saft von 1 Zitrone
1 Päckchen Vanillezucker
240 g Gelierzucker 2:1

Alle Zutaten in den Mixtopf geben und **10 Sekunden / Stufe 4** mischen. Danach **9 Minuten / 100°C / Stufe 2** kochen.

Sofort in die Gläser zu der abgekühlten Glühweinmarmelade füllen und den Deckel schließen.

Aus dem Garten

GLÜHWEIN -
ORANGE

Amarenakirschen

350 g frische Sauerkirschen

waschen, entstielen, abtropfen lassen. Die Kirschen mit einem Kirschentsteiner entsteinen.

In den Mixtopf geben.

30 g Rohrzucker
Saft 1 Zitrone
1 Pck. Bourbon-Vanillezucker
100 g Amaretto Likör

zugeben und **15 Minuten / 90°C / Linkslauf / Stufe 1** köcheln.

Sofort in heiß ausgespülte Gläser füllen und mit dem Schraubdeckel verschließen.

Wunderbar über Vanilleeis!

Statt frischer Kirschen kann man auch 1 Glas eingelegte Kirschen nehmen.

 *Tipp:*

Muntermacher-Mischung

200 g gemischte Nüsse
50 g Zartbitterschokolade
50 g Cornflakes

in den Mixtopf geben und **8 Sekunden / Stufe 5** zerkleinern.

100 g Akazienhonig
80 g Haferflocken
50 g Sesam
1 Pck. Bourbon-Vanillezucker

in den Mixtopf geben und **40 Sekunden / Stufe 3** vermengen.

Die Mischung in schöne Gläser schichten. Zuerst eine Hälfte der Honigmischung aus dem Mixtopf, dann eine Schicht zusätzliche Cornflakes, dann eine Schicht zusätzliche Haferflocken und zum Schluss wieder die Honigmischung.

Aus dem Garten

Muntermacher - Mischung
mit Milch oder Joghurt genießen!

Für Dich

Eingelegter Knoblauch

10 Knollen Knoblauch

in Zehen teilen, schälen und in den Mixtopf geben.

250 g Roséwein
50 g Essigessenz
35 g Rohrzucker
3 getr. kleine Chilischoten
4 Gewürznelken
½ TL weiße Pfefferkörner
1 ½ TL Meersalz
2 Lorbeerblätter
je 1 TL getr. Rosmarin, Thymian

Restliche Zutaten zugeben und **12 Minuten / 100°C / Stufe 1** erhitzen. Über Nacht stehen lassen und nochmals **12 Minuten / 100°C / Stufe 1** erhitzen. Abkühlen lassen. In Gläser füllen.

Olivenöl

Den Inhalt der Gläser ca. ½ cm mit Öl bedecken. Dadurch wird es haltbar. Kühl und dunkel aufbewahren. Mindestens 1 Woche ziehen lassen!

 Tipp:

Schmeckt auf frischem Bauernbrot mit Butter, getoastetem Brot, im Wurstsalat, in Pfannengerichten ...

Lecker Knobi

Quittenchutney

100 g Zwiebeln 2 Knoblauchzehen	zusammen in den Mixtopf geben und **5 Sekunden / Stufe 5** zerkleinern.
1 Chilischote	zugeben.
800 g Quitten	abreiben, waschen und entkernen. In Stücken zugeben.
1 gelbe Paprika	putzen, Kerne herausnehmen und in Stücken zugeben. **10 Sekunden / Stufe 5** zerkleinern.
1 Dose geschälte Tomaten (400 g) 20 g Aceto balsamico 60 g Balsamico bianco Saft 1 Zitrone 200 g Gelierzucker 2:1 1 TL Meersalz, 1 Prise Pfeffer	Restliche Zutaten zugeben und **8 Sekunden / Stufe 5** mischen. **15 Minuten / 100°C / Stufe 2** kochen. **15 Sekunden / Stufe 10** pürieren. Mit Salz und Pfeffer abschmecken.

Sofort in heiß ausgespülte Gläser füllen und verschließen.

 Tipp:

Wegen des süß-sauren Geschmacks passt das Chutney zu Fleisch, Braten und Fischgerichten. Verfeinern Sie damit auch indische Gerichte wie z.B. Hähnchen-Curry.

Scharf & Pikant

Scharfe Tomatensoße

2 Knoblauchzehen
2 Chilischoten

in den Mixtopf geben und **5 Sekunden / Stufe 7** zerkleinern.

1 Dose Pizzatomaten (800 g)
1 TL Basilikum
1 Prise Pfeffer
20 g Aceto Balsamico
3 geh. TL gekörnte Gemüsebrühe
80 g Tomatenmark
1 TL Sambal Oelek (Rezept im Buch
„Schnelle Gerichte")
150 g Wasser

Restliche Zutaten zugeben und **18 Minuten / 100°C / Stufe 3** erhitzen.

Sofort in heiß ausgespülte Gläser füllen und verschließen. Mit einer Packung Spaghetti verschenken!

 Tipp:

Soße für die schnelle Küche - muss nur erhitzt werden! Mit geriebenem Parmesan servieren.

PAPA'S
NOTRATION

Antipasti

3 Knoblauchzehen
1 kleine rote Peperoni

zusammen in den Mixtopf geben. **5 Sekunden / Stufe 7** zerkleinern.

1 Tomate, halbiert

zugeben und **5 Sekunden / Stufe 7** zerkleinern.

2 TL italienische Kräuter
1 TL Meersalz
1 Prise Pfeffer
20 g Aceto balsamico
20 g Olivenöl

Restliche Zutaten zugeben und **10 Sekunden / Stufe 3** mischen.

ca. 1 kg gemischtes Gemüse
(Zucchini, Paprika, Pilze,
Aubergine)

waschen, putzen und in mundgerechte Stücke schneiden. In den Mixtopf geben und **20 Sekunden / Linkslauf / Stufe 1** mischen. Auf einem Backblech verteilen.

 *Backen:*

bei 220°C Ober-/Unterhitze auf mittlerer Schiene ca. 18 Minuten backen.

mit Kräutersalz

Nach dem Backen bestreuen.

Abgekühlt in Gläser schichten, mit Olivenöl bedecken. Das Gemüse ist ca. 2 Wochen im Kühlschrank haltbar.

Als Vorspeise mit frisch gerösteten Pinienkernen, schwarzen Oliven und Ciabatta servieren.

2011
Antipasti

Chilipaste

50 g getr. Chilischoten

entstielen, entkernen und mit kochendem Wasser übergießen. ½ Stunde einweichen. Abtropfen lassen und mit Küchenkrepppapier gut abtrocknen.

3 Knoblauchzehen

In den Mixtopf geben und **5 Sekunden / Stufe 5** zerkleinern. Die Chilischoten zugeben.

50 g Olivenöl
5 g Olivensalz
(Rezept Seite 100)

Restliche Zutaten zugeben und **10 Sekunden / Stufe 10** pürieren.

In kleine Schraubverschlussgläser füllen, die Oberfläche mit etwas Olivenöl bedecken und die Gläser verschließen.

Kühl lagern. Verschlossen mehrere Wochen haltbar.

 *Tipp:*

Die Wahl der Chilisorten bestimmt die Schärfe der Paste! Beim Entkernen empfehle ich, Handschuhe zu tragen - nicht ins Auge fassen!

Feigensenf

80 g gelbe Senfkörner
5-8 schwarze Pfefferkörner

zusammen **10 Sekunden / Stufe 10** im Mixtopf zerkleinern.

120 g Feigen, geschält

zugeben und **3 Sekunden / Stufe 5** zerkleinern.

40 g Rohrzucker
5 g Salz
60 g Aceto balsamico
100 g Wasser

Restliche Zutaten zugeben und **15 Sekunden / Stufe 3** mischen. Dann **10 Minuten / 100°C / Stufe 3** erhitzen.

In heiß gespülte Gläser füllen, sofort verschließen und mindestens 1 Woche ziehen lassen.

Passt zu kaltem Braten, Schweinesteaks, Weißwürsten, Hähnchenbrust.

 *Tipp:*

Gemahlene Senfkörner haben konservierende Wirkstoffe, deshalb kann auf andere Zusatzstoffe verzichtet werden.

Feigensenf

Zwiebelmarmelade

1 Chilischote	in den Mixtopf geben und **5 Sekunden / Stufe 5** zerkleinern.
350 g rote Zwiebeln	schälen, vierteln und zugeben.
150 g säuerliche Äpfel	entkernen und in Stücken zugeben.
2 TL Meersalz *100 g Rotwein* *1 TL italienische Kräuter* *200 g Gelierzucker 2:1*	Restliche Zutaten zugeben und **5 Sekunden / Stufe 4** zerkleinern. Ohne Messbecher **18 Minuten / 100°C / Stufe 3** kochen.

Sofort in heiß ausgespülte Gläser füllen und verschließen.

 **Tipp:**

Roggenbrotscheiben mit Frischkäse (noch besser mit Ziegenfrischkäse) bestreichen und obendrauf eine Schicht der Marmelade. Herzhaft zum Wein!

Zum Verschenken dekorieren Sie die Gläser mit herbstlich eingefärbten Baumblättern.

Scharf & Pikant

Kräutersalz

½ TL Lavendelblüten
1 TL Zitronenthymian
1 TL Ananassalbei
1 TL Majoran + 100 g Meersalz

Alle Zutaten in den Mixtopf geben und **8 Sekunden / Stufe 7** mischen.

Passt zu Hackfleischgerichten, Bratkartoffeln, Pizza, Grillfleisch.

Panierkruste:

2 TL Kräutersalz
4 EL Paniermehl
2 EL Olivenöl

in einer kleinen Schüssel mischen. Mit der Mischung z.B. Hähnchenschnitzel panieren oder über halbierte Tomaten verteilen und überbacken.

Knoblauchsalz

10 g Knoblauchzehen

in den Mixtopf geben und **5 Sekunden / Stufe 5** zerkleinern. Die Stückchen mit dem Spatel von den Topfwänden nach unten schieben.

100 g Meersalz

zugeben und **5 Sekunden / Stufe 5-6** mischen.

Verwenden Sie das Salz wie üblich zum Würzen.

Knoblauchbaguette:

100 g Butter
1 TL Knoblauchsalz
2 EL gerieb. Bergkäse
1 Prise Rosmarin

im Mixtopf **5 Sekunden / Stufe 6** vermischen. Mit der Butter Baguettescheiben bestreichen, auf ein Backblech legen und kurz überbacken.

Scharf & Pikant

Olivensalz

5 g Kräuteroliven
5 g eingel. getr. Tomaten

abtropfen lassen und in den Mixtopf geben.

10 Blätter Basilikum

zugeben und **5 Sekunden / Stufe 5** zerkleinern.

100 g Meersalz

zugeben und **5 Sekunden / Stufe 5-6** mischen.

Zum Würzen von Focaccia, Antipasti, allen mediterranen Gerichten.

Zitronensalz

Schale 1 unbehandelten Zitrone
1 EL Rosmarin
100 g grobes Meersalz

Alle Zutaten in den Mixtopf geben und **5 Sekunden / Stufe 5-6** mischen.

Zum Würzen von Hähnchenfleisch, Fisch, hellen Pastasoßen.

Scharf & Pikant

INDEX

 Index

Index

In unseren Rezepten finden Sie alle nötigen Informationen.

Übersichtlicher Schritt-für-Schritt Rezeptaufbau

Angabe der Zeit, Stufe und Temperatur

Nährwert- und Energie-werte

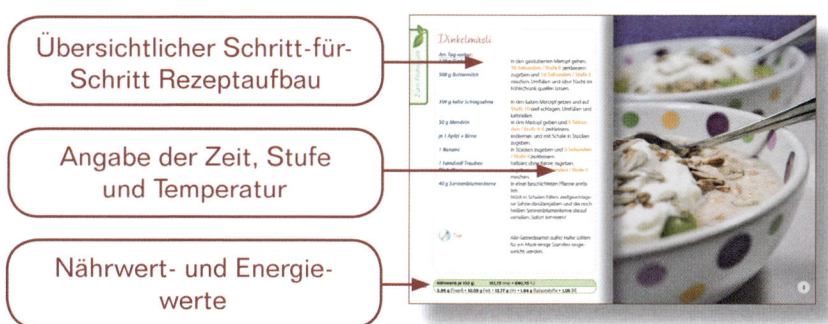

Das bieten wir an:

- Kochbücher für Thermomix® TM31 oder TM21.
- In den Rezepten sind alle notwendige Angaben für die Zubereitung im Thermomix angegeben (Stufe, Temperatur und Zeit).
- Alle Bücher sind als praktisches Ringbuch im A5-Format gebunden und lassen sich dank der stabilen Spiralbindung um 360° umklappen.
- Viele Bücher beinhalten Nährwerte, damit Sie die Punkte mit dem Kalkulator selbst ausrechnen können.
- Die neuesten Bücher haben hochwertige Fotos zu jedem Rezept.
- Inhaltsverzeichnisse und Musterseiten zum Blättern in unserem Internetshop.

NEUE BACKIDEEN
Eine große Vielfalt an Backrezepten für Brot, Brötchen, Kuchen, Torten Plätzchen, Weihnachtsgebäck uvm.
Best.-Nr. 027 • Preis € 18,50
BUCH MIT FOTOS!

JAHRESZEITEN FRÜHJAHR/SOMMER
Saisonale Rezepte für Salate, Suppen, Hauptgerichte, aber auch süßes Gebäck.
Best.-Nr. 028 • Preis € 18,50
BUCH MIT FOTOS!

JAHRESZEITEN HERBST/WINTER
Kochen mit den Jahreszeiten. Eine Besonderheit sind Rezepte für selbstgemachte Gewürzmischungen.
Best.-Nr. 029 • Preis € 18,50
BUCH MIT FOTOS!

KÜCHENHILFEN AUS SILIKON

Wir bieten viele Küchenhilen aus Silikon, hitzebeständig bis 260°C und spülmaschinengeeignet. Leicht zu reinigen. Lieferbar in mehreren Farben.

BESCHICHTETE BACKFORMEN

Ideal zum Abbacken knuspriger Brötchen und Baguettes.

GÄRKÖRBCHEN AUS HOLZSCHLIFF

Körbchen aus heimischen Naturprodukt zum Gehen der Brotteige.

PRAKTISCHE SCHNEIDEBRETTER

Anti-rutschfeste Schneidebretter in verschiedenen Farben. Der beste Schutz für Ihre Messer.

VERSCHIEDENE BACKFORMEN

Wir bieten eine Auswahl an verschiedenen Backformen mit langlebiger Beschichtung an.

Backen, Rühren,
Mixen
Ein sehr umfangreiches
Backbuch mit 120 Rezepten. Inclusive Weihnachtsbäckerei ist alles dabei.
Best.-Nr. 001 • Preis € 12,-

Kochen, Rühren, Mixen Teil 1
Unser Grundkochbuch für
die TM21-Benutzer. Alle
wichtigsten Rezepte für
den Anfang.
Best.-Nr. 002 • Preis € 12,-

KOCHEN, Rühren, Mixen Teil 2
Der zweite Band von unserem Grundkochbuch für
die TM21-Benutzer. Rezepte für den Anfang.
Best.-Nr. 003 • Preis € 12,-

FRISCHE KÜCHE
Hier Ausgabe für TM21.
Schnelle, leichte und gemüsereiche Kost. Viele
Rezepte für den Garaufsatz.
Best.-Nr. 017 • Preis € 12,-

Kochen, Dünsten,
Garen
Rezeptbuch für den Garaufsatz. Komplette Menüs,
viele Suppen, Soßen, Aufläufe und Hauptgerichte.
Best.-Nr. 004 • Preis € 12,-

Getränke & Brotaufstriche
50 alkoholfreie Getränke,
50 süße und herzhafte
Aufstriche. Zum Selbermachen.
Best.-Nr. 005 • Preis € 12,-

RICHTIG TRENNEN
Ein Trennkostbuch für
TM21-Benutzer. 111 erprobte Rezepte mit Nährwerten und Trennkost-Kennzeichnung.
Best.-Nr. 006 • Preis € 12,-

JAHRESZEITEN
Hier Ausgabe für den
TM21. Kochen mit den
Jahreszeiten. Mit den jahreszeitüblichen Zutaten.
Best.-Nr. 018 • Preis € 12,-

FLEISCHLOSE TAGE TEIL 1
100 Vollwertrezepte mit
Nährwertangaben. Bratlinge,
vollwertiges Frühstück, Vollwertbäckerei, Suppen und
Hauptgerichte.
Best.-Nr. 007 • Preis € 12,-

FLEISCHLOSE TAGE TEIL 2
Kochbuch für Allergiker. Glutenfreie Rezepte, mit Reis,
Mais und Buchweizen. Und
für Milcheiweißallergiker Rezepte mit Tofu und Soja.
Best.-Nr. 008 • Preis € 12,-

TORTENBUCH
100 erprobte Tortenrezepte,
Schritt für Schritt geschrieben, dass alles sicher gelingt.
Zaubern Sie perfekte Torte zu
jedem Anlass.
Best.-Nr. 009 • Preis € 12,-

Neue Kochbücher - Jahreszeiten Teil 1 + 2

Lassen Sie sich in Zeiten der gut sortierten Supermärkte und jederzeit erhältlichen Erdbeeren in die frische saisonale Küche von Gabi Wolpensinger entführen.

Bereits unsere Urgroßeltern kochten mit den Jahreszeiten. Nicht aus dem Ernährungsbewusstsein heraus, sondern weil es einfach preiswerter war, saisonales Obst und Gemüse frisch vom Markt zu kaufen. Und dorthin möchten wir auch Sie ein Stück weit mitnehmen.

Alle Rezepte sind mehrmals erprobt und mit viel Hingabe zum Detail von Gabi Wolpensinger fotografiert. Wichtige Schritte wurden in Bildern festgehalten. In den Rezepten finden Sie alle notwendigen Angaben wie Zeit und Stufe für die Zubereitung mit dem Thermomix.

Kapitelübersicht Teil 1: Backen, Aufstriche, Salate, Gerichte im Garaufsatz, Suppen, Hauptgerichte, Getränke, Desserts, Rund um´s Grillen, Dipps.

Kapitelübersicht Teil 2: Salate, Suppen, Gerichte im Garaufsatz, Aufstriche, Dessert, Backen herzhaft und süß, Getränke, Gewürze.

In unserem Shop finden Sie das Inhaltsverzeichnis und die Musterseiten.

Accessoires für die Küche

MINIMUFFINSFORM MIT DRÜCKER

Für kleineTartes, Muffins, Fingerfood und andere „kleine" Ideen.
Rezepte finden Sie z. B. in unserem Buch Urlaubsküche Teil 1.

DAUERBACKFOLIEN

Wiederverwendbare Backfolien - braun, schwarz und
silber mit unterschiedlichen Backeigenschaften.

MUFFINSFÖRMCHEN AUS SILIKON

Beim Teigeinfüllen halten sie „Stand". Beim Backen läuft nichts
aus. Und dann in der Spülmaschine waschen und wieder benut-
zen.

BUCHSTÄNDER

Mit diesem Ständer steht Ihr Kochbuch direkt auf dem
Arbeitsplatz drumherum gut geschützt.

REINIGUNGSBÜRSTE
FÜR TOPFMESSER

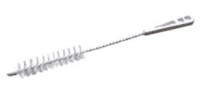

Eine kleine Bürste, genau passend
unter die Mixtopfmesser.
Die Borsten haben genau die richtige
Härte, um wirklich alles sauber zu
reinigen.

PAPIERBACKFORMEN

Zum dekorativen Verschenken von Kuchen. In klassischen
Café-Haus-Dekor.

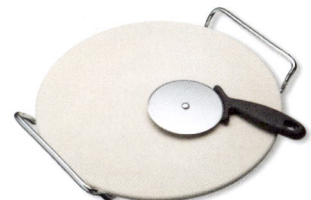

DEKO-QUEEN

Ein Set zum Dekorieren von
CupCakes, Kuchen und Des-
serts, mit großer Stern- und
Lochtülle aus Edelstahl.

PIZZASTEIN MIT SCHNEIDEMESSER

Zum Backen von Pizza (frisch oder gefroren), Brot und
Brötchen oder Kuchen. 32 cm groß und mit Griffen zum
Servieren.

BLECH- U. RÜHRKUCHEN
Die schnellsten Kuchen.
50 Rezepte für Blechkuchen
und 50 Rezepte für Rühr-
kuchen.
Best.-Nr. 010 • Preis € 12,-

KOCHSCHULE 1
Das richtige Buch für TM-
Anfänger. Große Vielfalt
an Rezepten der täglichen
Küche.
Best.-Nr. 011 • Preis € 13,50

KOCHSCHULE 2
Hier der zweite Band.
Unkomplizierte, schnelle
Rezepte.
Best.-Nr. 012 • Preis € 13,50

FRISCHE KÜCHE
Schnelle, leichte und ge-
müsereiche Kost. Viele
Rezepte für den Gar-
aufsatz.
Best.-Nr. 014 • Preis € 13,50

GESCHENKE
Duftendes Gebäck, süße
Pralinen, Liköre uvm. -
Geschenke vom Herzen.
Fantasievoll eingepackt.
Best.-Nr. 026 • Preis € 15,50
BUCH MIT FOTOS!

LEICHTE KÜCHE
Rezepte, die nichts am
Genuss einbüßen und
obendrein gesund sind.
Best.-Nr. 020 • Preis € 16,50
BUCH MIT FOTOS!

SCHNELLE KÜCHE
Gerichte, die man im
Handumdrehen zubereiten
kann. Tägliche, unkompli-
zierte Küche.
Best.-Nr. 021 • Preis € 16,50
BUCH MIT FOTOS!

KOCHSCHULE 3
Der dritte Band. Unkom-
plizierte, bodenständige
Rezepte.
Best.-Nr. 024 • Preis € 16,50
BUCH MIT FOTOS!

URLAUBSKÜCHE 1
Rezepte zum Träumen.
Das Feeling von Sonne
und Meer zu Hause zum
Nachkochen.
Best.-Nr. 022 • Preis € 16,50
BUCH MIT FOTOS!

URLAUBSKÜCHE 2
Fernöstliche Leckereien
aus Ihrem Thermomix.
Süß, sauer und gerne
auch scharf.
Best.-Nr. 023 • Preis € 16,50
BUCH MIT FOTOS!

HEUTE OHNE FLEISCH
Backen und Kochen ohne
Fleisch. Mit Obst und
Gemüse, leicht und lecker
durch den Tag.
Best.-Nr. 025 • Preis € 16,50
BUCH MIT FOTOS!

SÜSSES BACKWERK
Ein Standardwerk mit
Grundrezepten für alle
gängigen Teige. Obstku-
chen, Apfelkuchen, herz-
haftes Gebäck uvm.
Best.-Nr. 013 • Preis € 12,-